인지 향상을 위한

두뇌 개발

저자 민달팽이 교재연구회

시리즈 2 수리력

도서출판 민달팽이

머리말

이번 발간한 "두뇌개발 시리즈"는 장애로 어려움이 있는 아동들과 함께 경도 인지장애를 가진 노인들을 대상으로 제작되었습니다.

다양한 인지활동을 통해 두뇌활성을 돕기 위해 1권 기억력과 사고력, 2권 수리력, 3권 공간지각력을 개발 할 수 있도록 이루어져 있습니다.

 이 책을 통해 학습이 지루하지 않고 재미있고 즐거운 경험이 되기를 저희 민달팽이 교재 연구회 선생님들 모두 바라봅니다. 감사합니다.

민달팽이 교재연구회

수리력 학습 목표

우리는 삶 속에서 수학적 지식과 사고 능력을 활용하여 여러 문제를 해결합니다. 다양한 상황 속에서 수학의 내용과 방법을 활용하여 문제를 추론하거나 해결하고 다른 사람과 의사소통할 수 있는 능력을 키울 수 있습니다.

- 색연필과 연필, 지우개, 가위, 풀을 준비합니다.
- 활동 중 오려서 붙혀보기 활동을 함께 해 봅니다.
- 활동 중 어려운 부분은 순서를 바꾸어서 다음에 활동을 합니다.

숫자의 순서를 살펴보고 숫자의 빠진 부분을 채워주세요.

숫자의 순서를 살펴보고 숫자의 빠진 부분을 채워주세요.

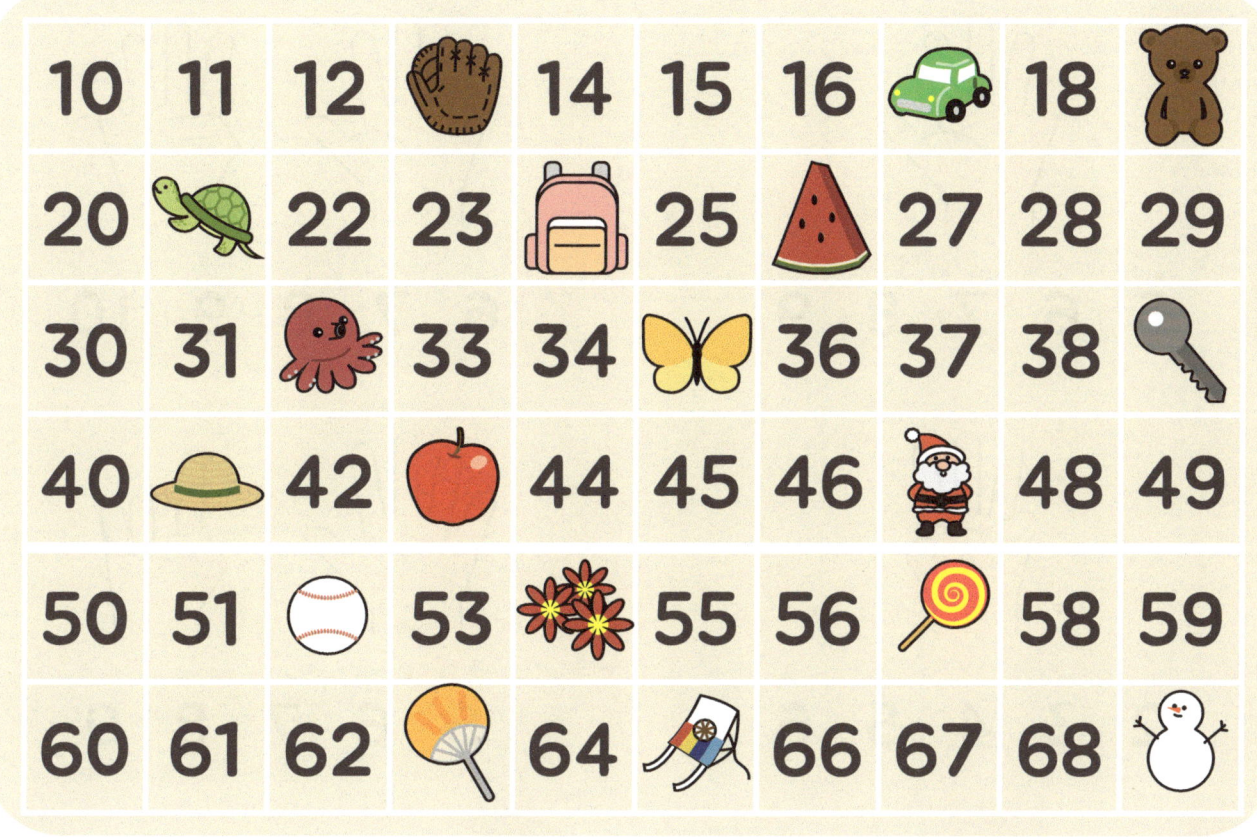

다음 손가락을 세어보고 알맞은 숫자에 ○ 동그라미를 해보세요.

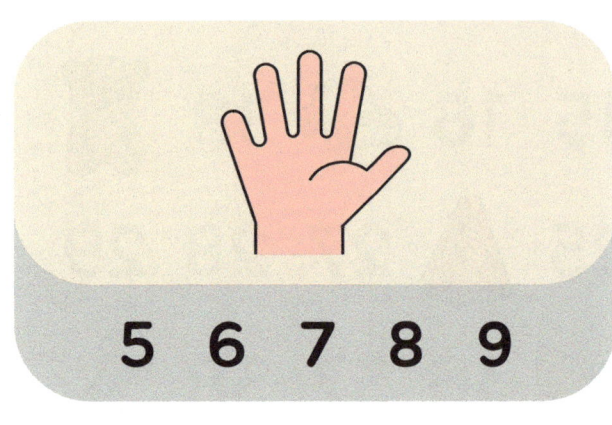

5 6 7 8 9

2 3 4 5 6

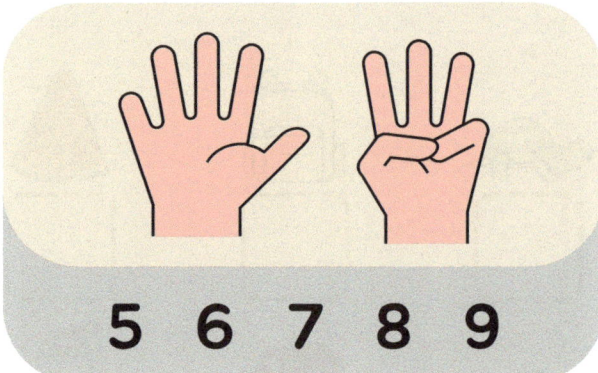

5 6 7 8 9

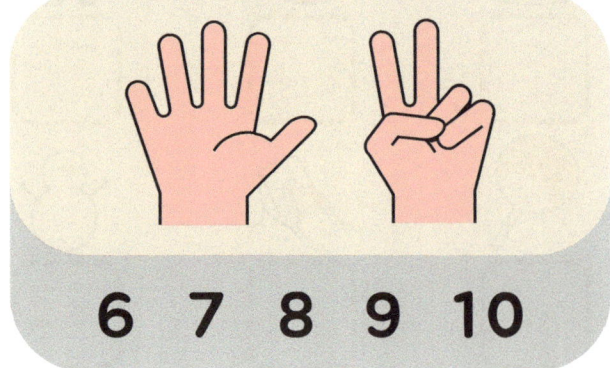

6 7 8 9 10

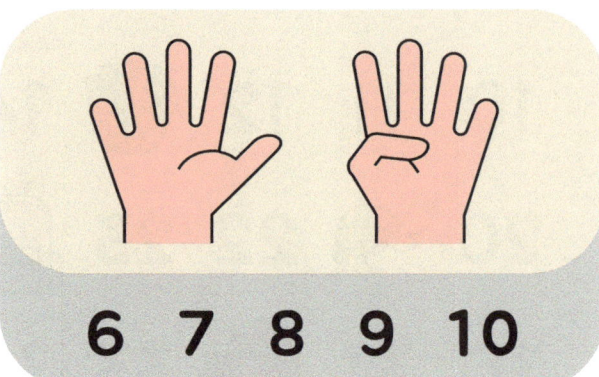

6 7 8 9 10

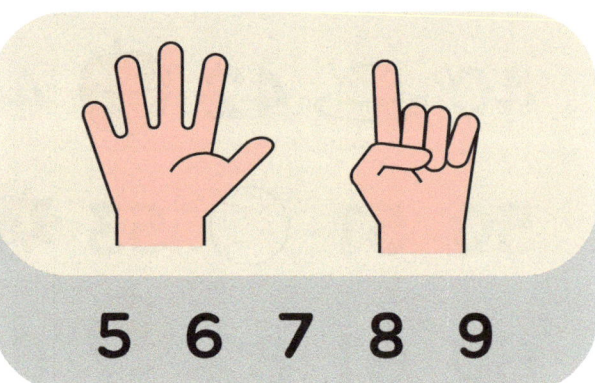

5 6 7 8 9

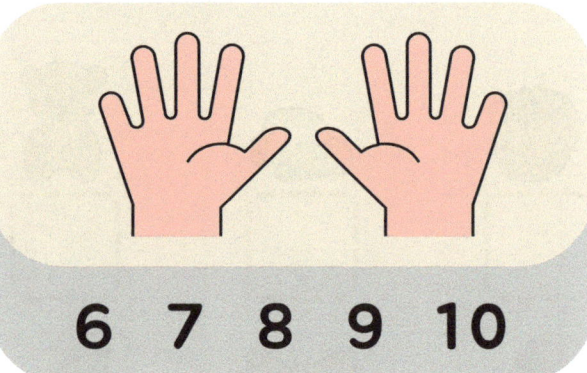

6 7 8 9 10

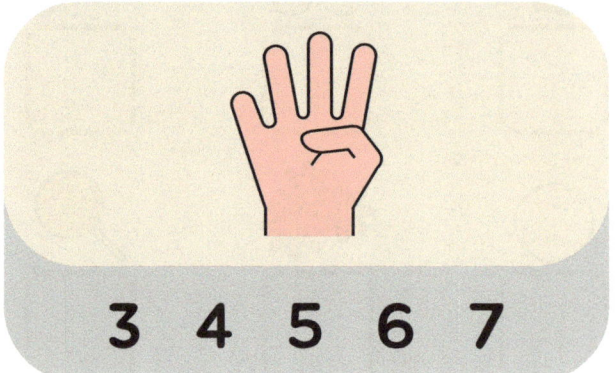

3 4 5 6 7

다음 그림을 보고 수를 세어 보고 셈을 해보세요.

다음 숫자를 알아보고 수를 세어 셈을 해보세요.

수리력

4 − 1 = 3

3 − 2 =

2 − 2 =

5 − 3 =

7 − 4 =

다음 그림을 보고 숫자를 세어 보고 셈을 해보세요.

4 - 1 =

6 - 2 =

5 - 3 =

5 - 2 =

5 - 2 =

8 - 4 =

다음 그림을 보고 숫자를 찾아서 셈을 해보세요.

☀	🧁	✂	🦉	🌲	🎂	📷	⏱	🌐
1	2	3	4	5	6	7	8	9

① ☀ + ✂ = ☐   ② ⏱ + ☀ = ☐

③ 🦉 + 🧁 = ☐   ④ 🌲 + 🌲 = ☐

⑤ 📷 + ✂ = ☐   ⑥ 🌐 + ☀ = ☐

⑦ 🎂 + 🧁 = ☐   ⑧ ✂ + 🎂 = ☐

⑨ ✂ + 🌲 = ☐   ⑩ 🧁 + 📷 = ☐

⑪ 🧁 + ⏱ = ☐   ⑫ 🎂 + 🦉 = ☐

다음의 덧셈을 한 후 퍼즐을 완성하여 색칠해 보세요.

5+2	3+3	3+2
1+3	4+4	6+3
1+1	3+0	5+5

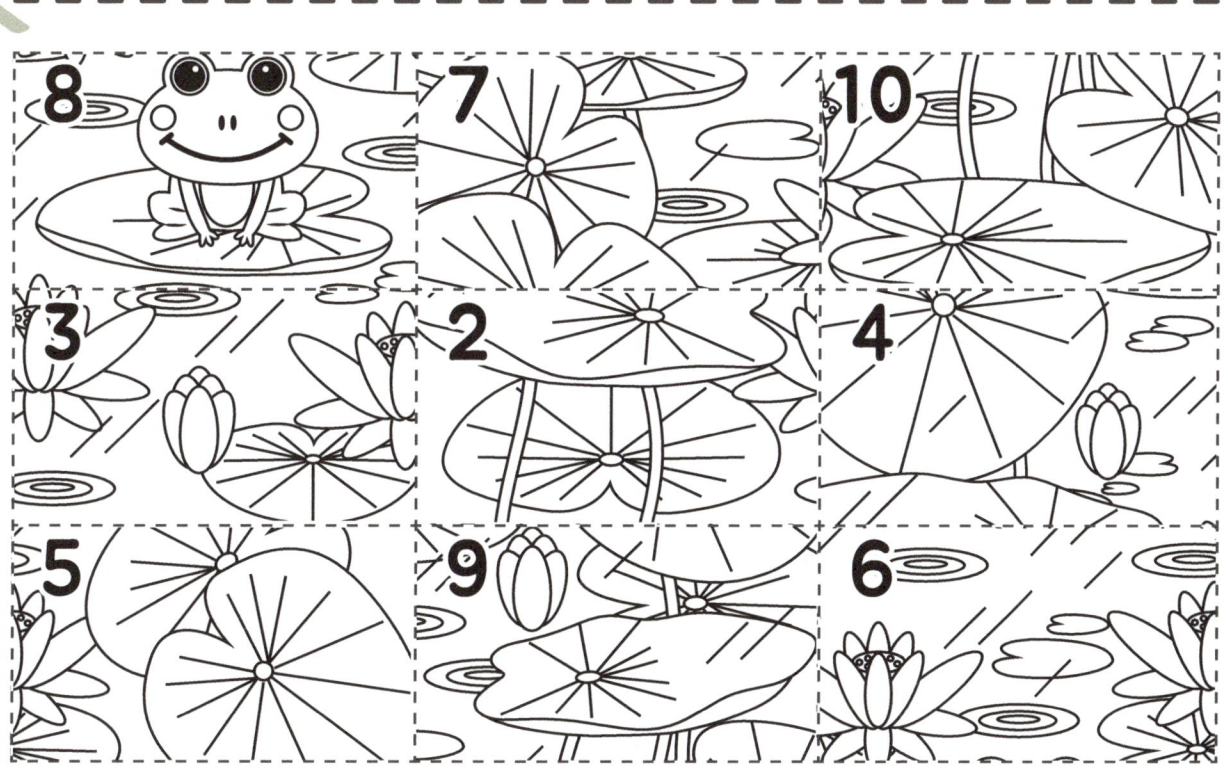

다음의 그림을 세어 보고 셈을 해 보세요.

⭐⭐ + ⭐⭐⭐ =
___ ___

⭐⭐ + ⭐⭐ =
___ ___

⭐⭐⭐ + ⭐⭐⭐ =
___ ___

⭐⭐⭐ + ___ =
___

⭐⭐⭐⭐ + ⭐⭐ =
___ ___

다음의 덧셈을 한 후 퍼즐을 완성하여 색칠해 보세요.

2+3	3+3	4+4
1+3	2+1	5+2
5+5	1+1	6+3

손가락의 숫자를 센 후 알맞은 숫자를 적어 덧셈을 해보세요.

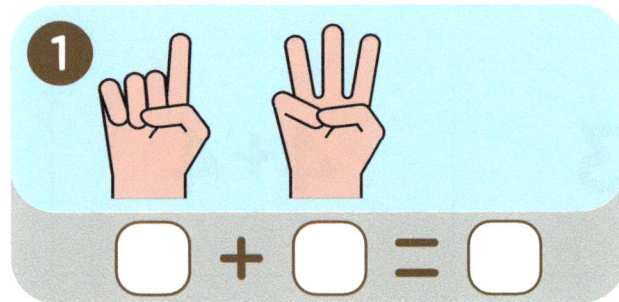

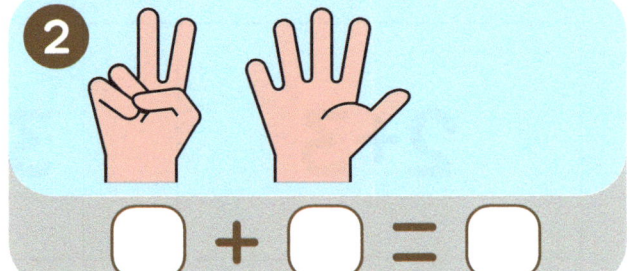

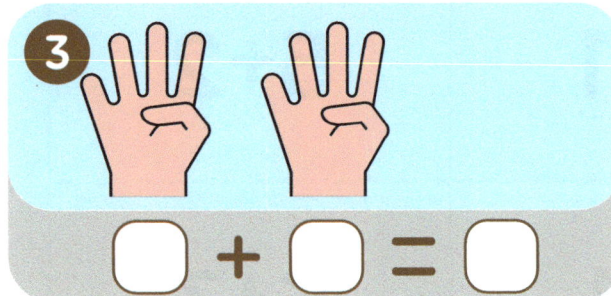

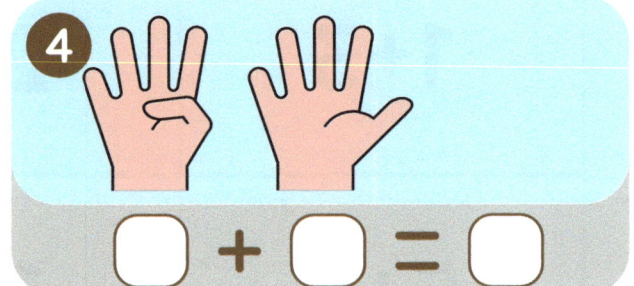

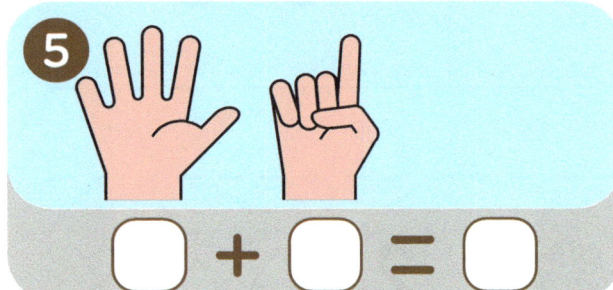

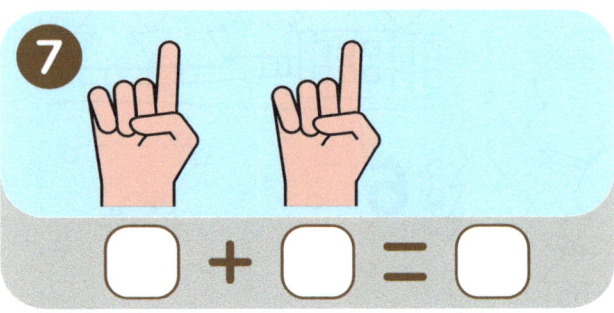

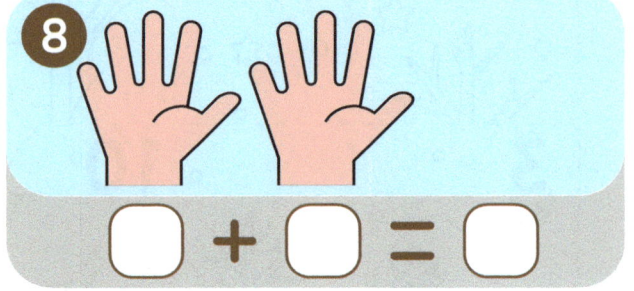

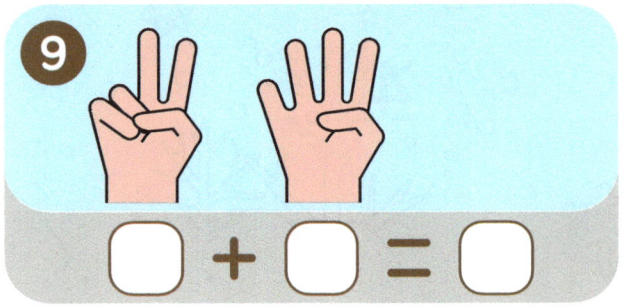

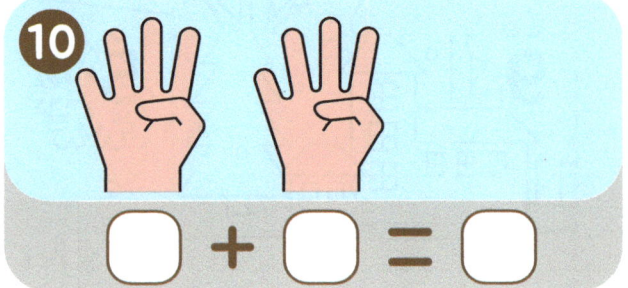

점의 숫자를 세어서 알맞은 수를 적어 셈을 해보세요.

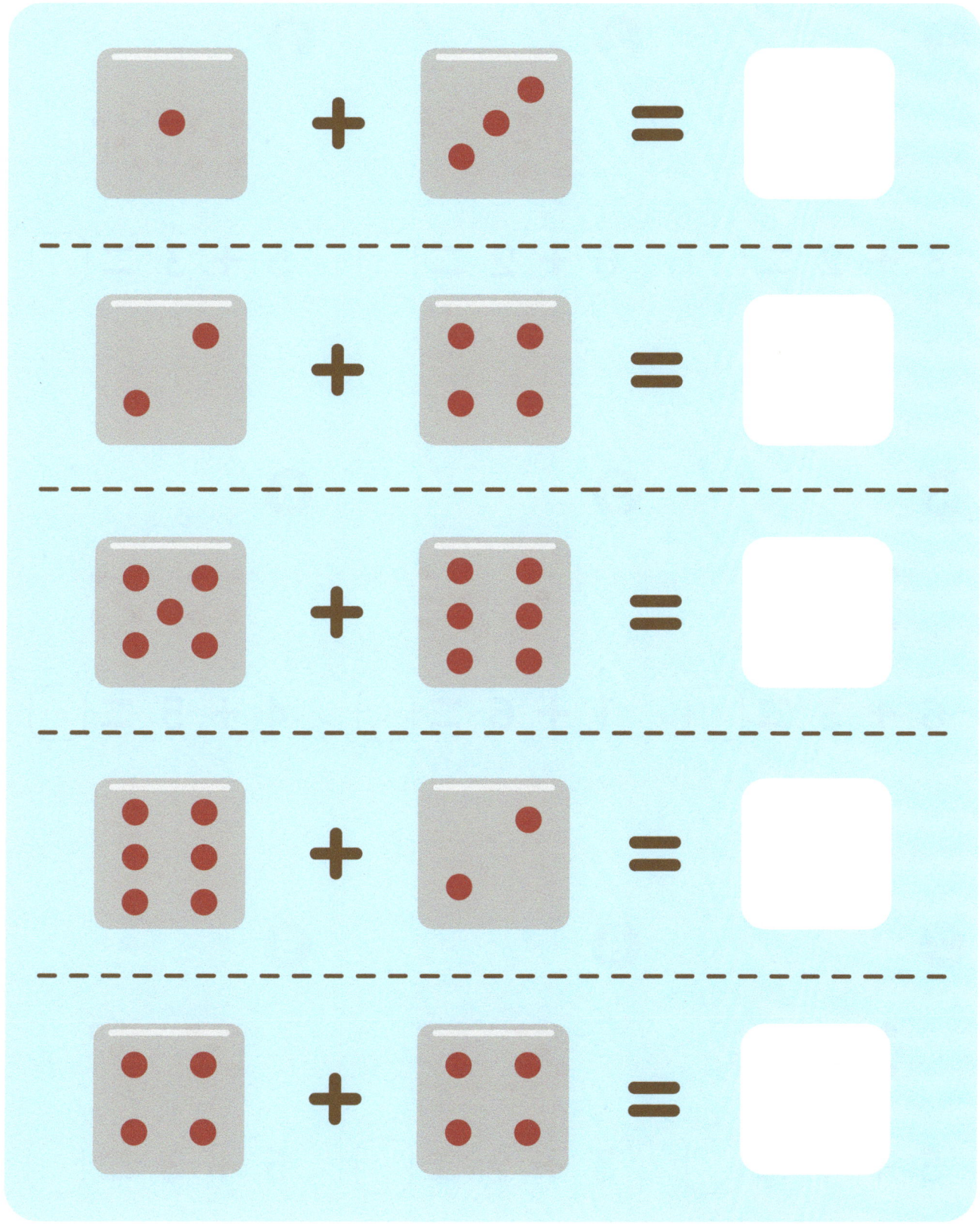

다음 셈을 해보고 알맞은 숫자를 적어보세요.

1) 3 + 2 = ☐

2) 6 + 2 = ☐

3) 5 + 3 = ☐

4) 6 + 3 = ☐

5) 1 + 6 = ☐

6) 4 + 5 = ☐

7) 5 + 1 = ☐

8) 3 + 2 = ☐

9) 5 + 3 = ☐

다음의 그림을 보고 뺄셈을 해보세요.

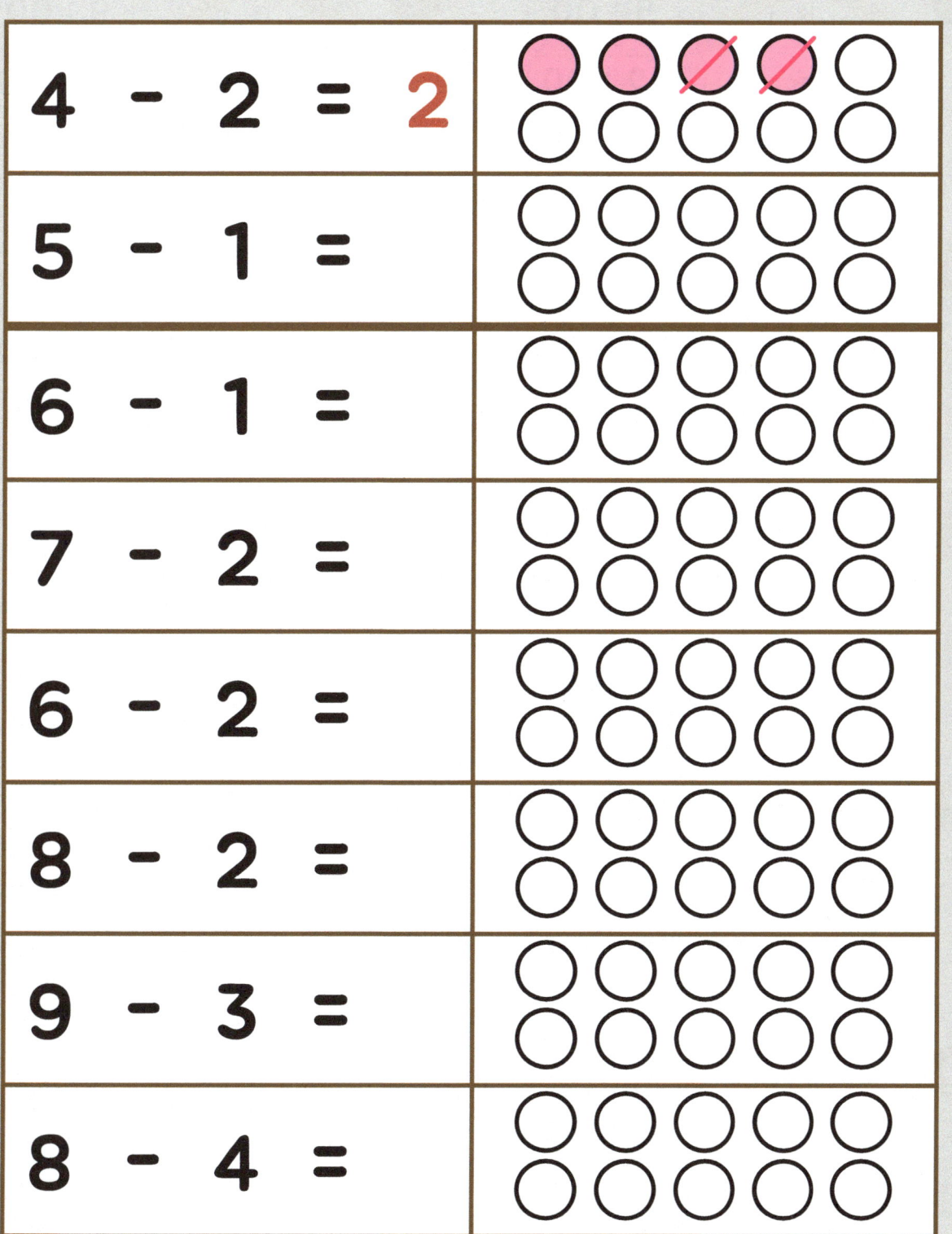

4 - 2 = **2**	
5 - 1 =	
6 - 1 =	
7 - 2 =	
6 - 2 =	
8 - 2 =	
9 - 3 =	
8 - 4 =	

다음 시계를 보고 몇 시인지 찾아 보세요.

수리력

다음 시간을 보고 몇시인지 바늘을 그려보세요.

7 : 00   2 : 00   5 : 30

4 : 00   1 : 30   3 : 30

10 : 00   12 : 30   8 : 00

다음 덧셈을 계산해 보고 맞는 답을 색칠하세요.

같은 숫자는 같은 색으로 색칠해 보세요.

같은 숫자는 같은 색으로 색칠해 보세요.

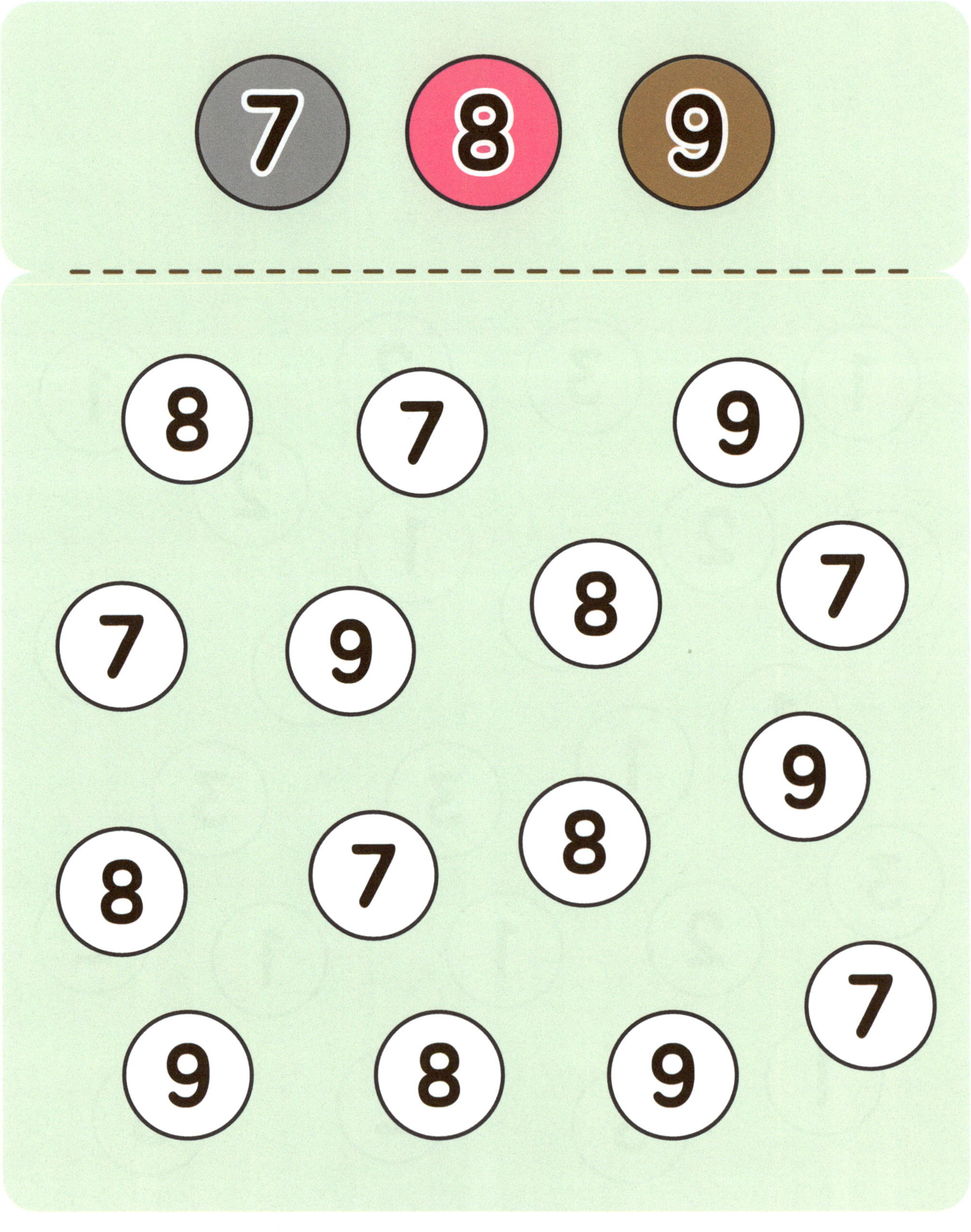

무당벌레 날개에 점의 개수에 맞은 숫자를 찾아 ◯ 해 보세요.

①	②	③
6 4 3	8 6 7	5 4 9

④	⑤	⑥
10 9 8	3 2 8	9 3 6

⑦	⑧	⑨
8 10 6	11 10 9	2 1 3

무당벌레의 등에 숫자와 같이 점을 그려주에요.

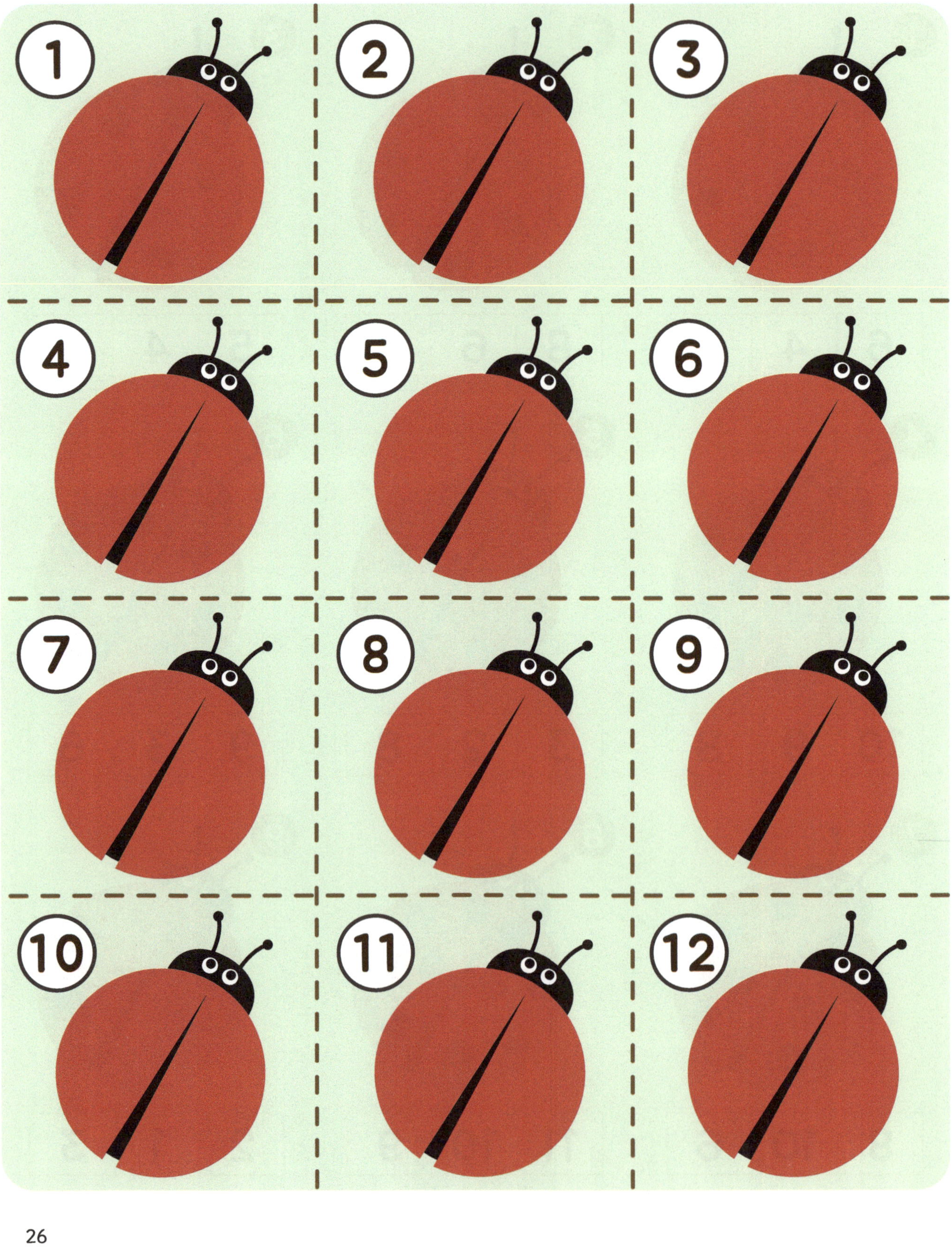

다음 곤충의 등의 점을 세어보고 숫자를 적어보세요.

10이 넘는 수의 셈을 연습해 볼까요?

수리력

□ + □ = □

□ + □ = □

□ + □ = □

□ + □ = □

□ + □ = □

□ + □ = □

□ + □ = □

□ + □ = □

□ + □ = □

□ + □ = □

무당벌레의 점의 개수가 많은 곳에 <, >, =를 적어보세요.

1. <
2.
3.
4.
5.
6.
7.
8.

10이 넘는 수의 덧셈을 해 볼까요?

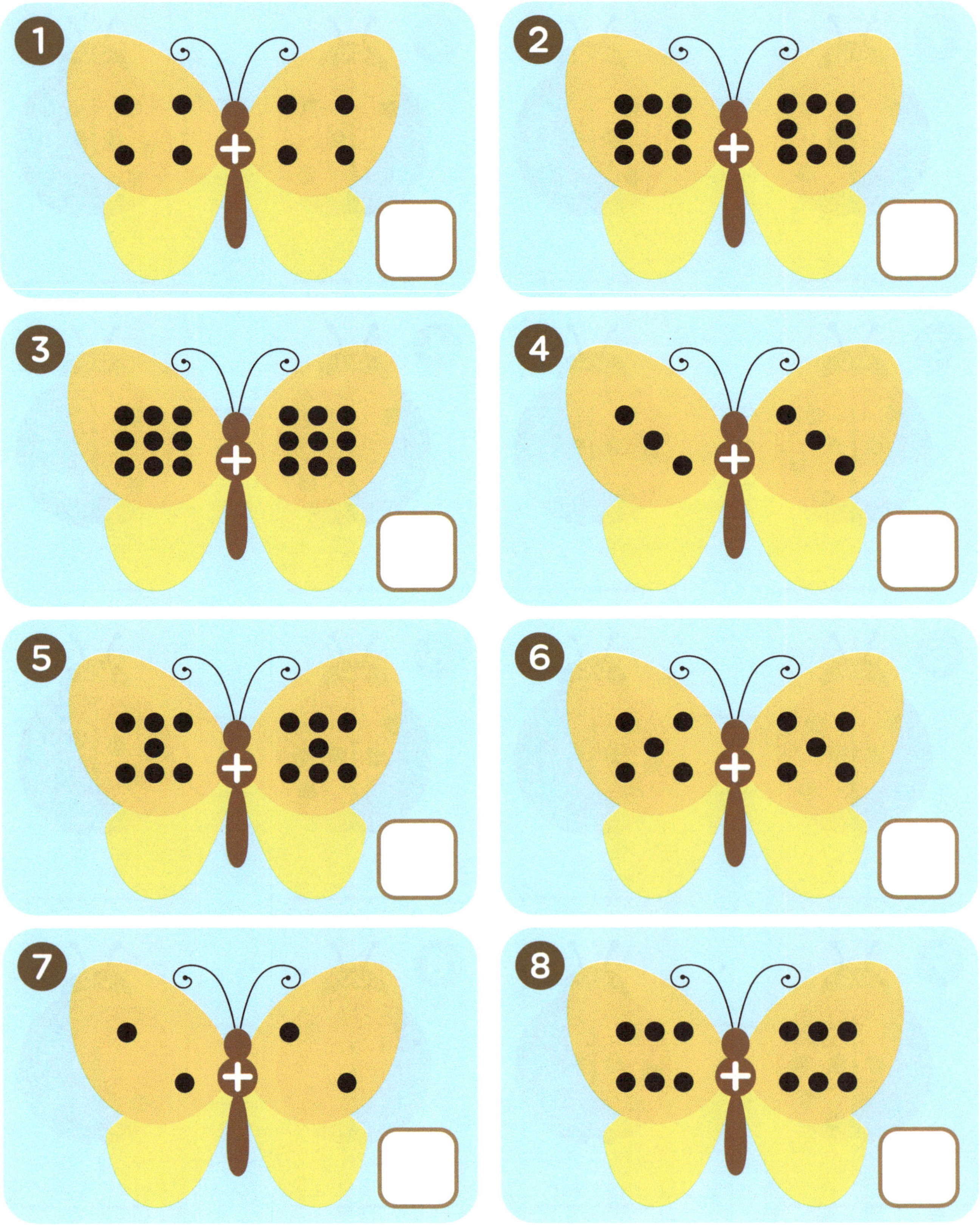

수리력

11~20까지의 숫자를 알아볼까요?

11	●●●●●● ●●	11	11	11	11	11
12	●●●●● ●●●●● ●●	12	12	12	12	12
13	●●●●● ●●●●● ●●●	13	13	13	13	13
14	●●●●● ●●●●● ●●●●	14	14	14	14	14
15	●●●●● ●●●●● ●●●●●	15	15	15	15	15
16	●●●●● ●●●●● ●●●●● ●	16	16	16	16	16
17	●●●●● ●●●●● ●●●●● ●●	17	17	17	17	17
18	●●●●● ●●●●● ●●●●● ●●●	18	18	18	18	18
19	●●●●● ●●●●● ●●●●● ●●●●	19	19	19	19	19
20	●●●●● ●●●●● ●●●●● ●●●●●	20	20	20	20	20

다음 그림을 세어보고 숫자를 적어 보세요.

다음 그림을 세어보고 알맞은 숫자에 ○ 를 해보세요.

11 12 13 14

11 12 13 14

12 13 14 15

11 12 13 14

12 13 14 15

12 13 14 15

10이 넘는 셈하기를 연습해 보세요.

1

2

3

4

5

6

7
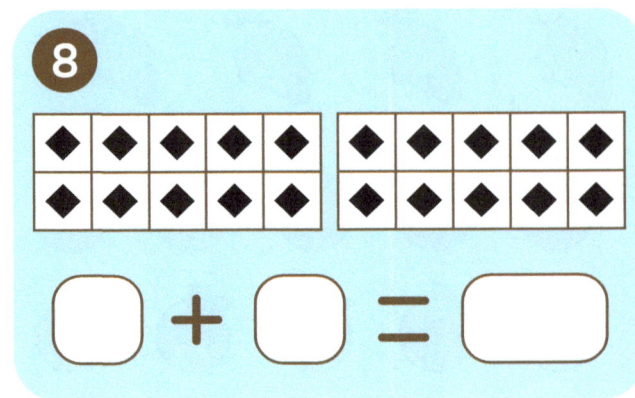

같은 숫자를 찾아 색칠해 보세요.

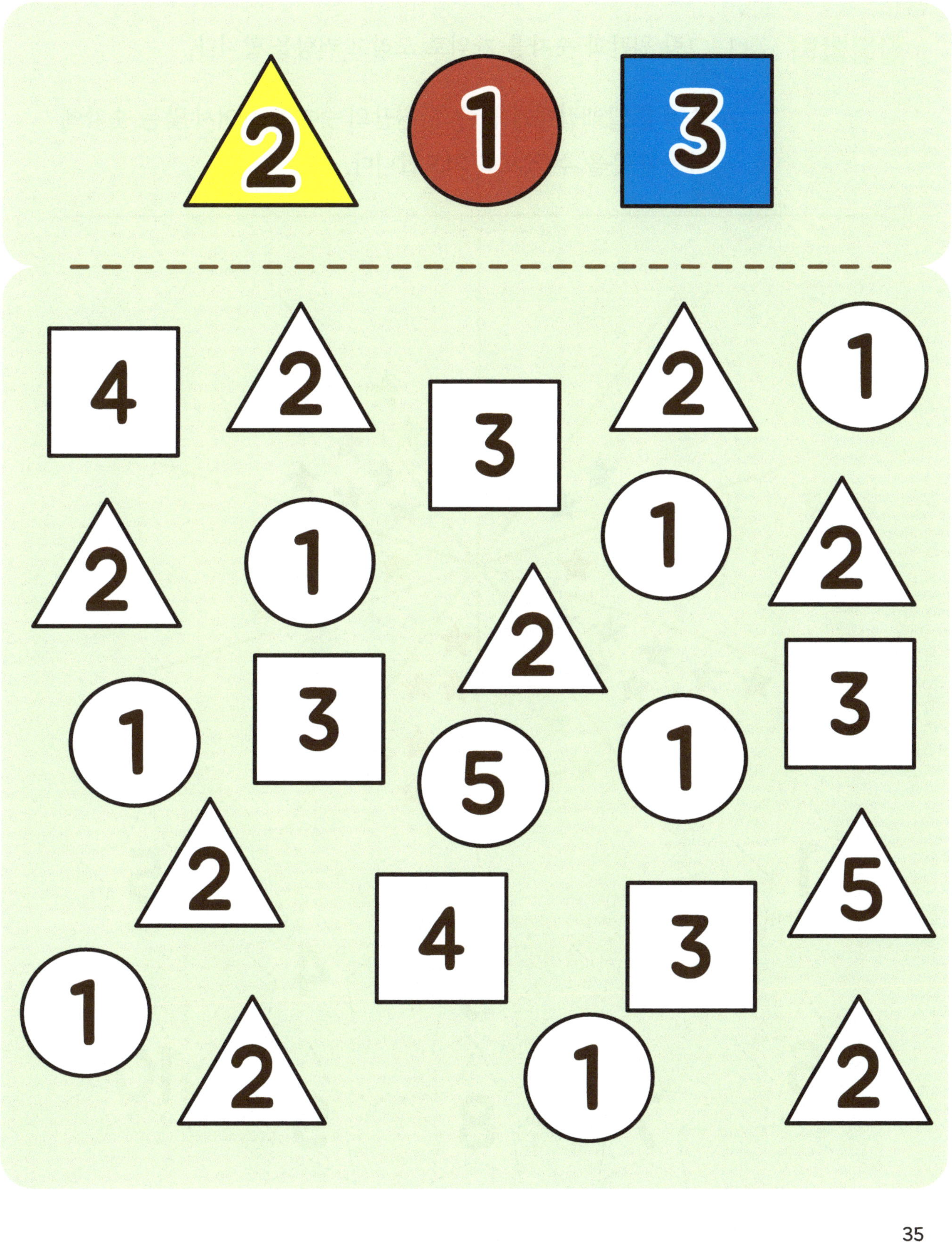

[수활동 교구]
숫자를 찾아라. (1~10까지)

활동방법

1. 그림 원판과 숫자를 가위로 오리고 커팅을 합니다.

2. 숫자를 빨래집게에 붙힌 후 원판의 숫자를 세어서 맞는 숫자에 아동이 꽂을 수 있도록 지도합니다.

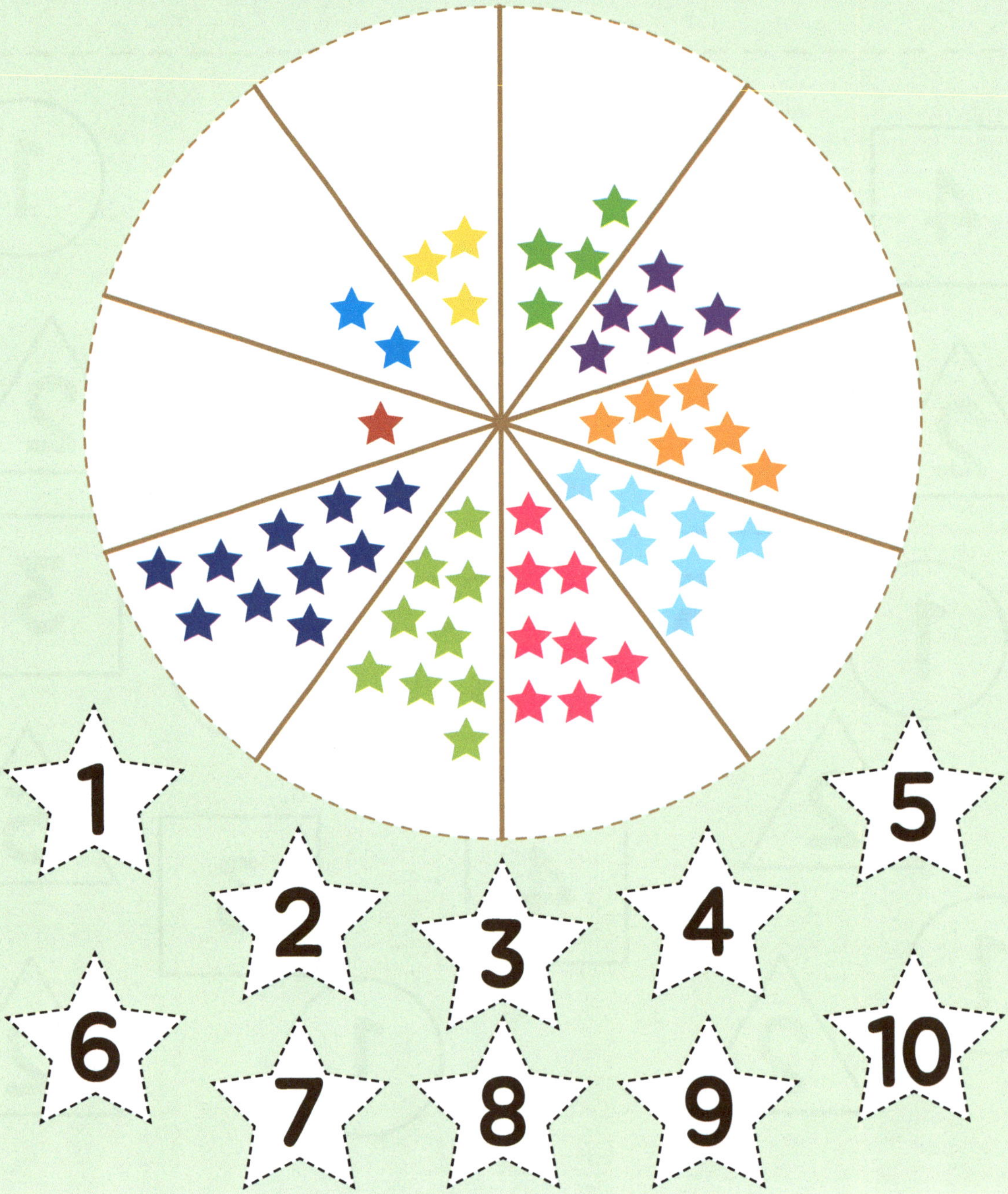

[수활동 교구 2]
숫자를 찾아라. (11~20)

활동방법

1. 그림 원판과 숫자를 가위로 오리고 커팅을 합니다.

2. 숫자를 빨래집게에 붙힌 후 원판의 숫자를 세어서 맞는 숫자에 아동이 꽂을 수 있도록 지도합니다.

11 12 13 14 15
16 17 18 19 20

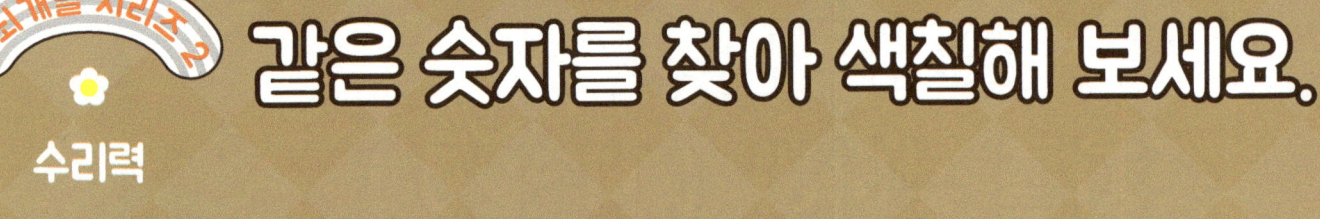

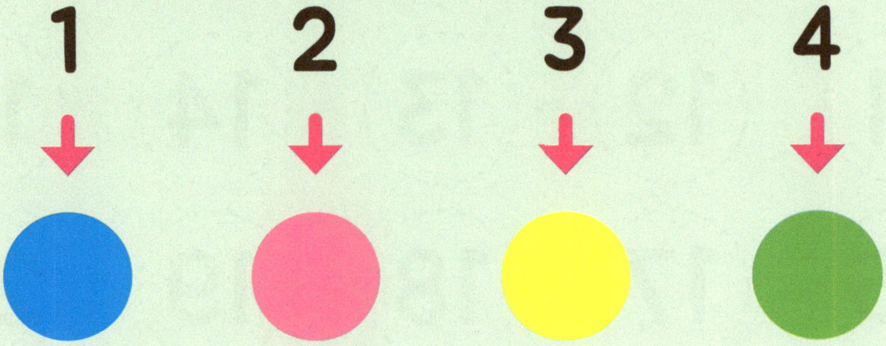

같은 숫자를 찾아 색칠해 보세요.

[수활동 교구 2]
숫자를 찾아라. (11~20)

활동방법 1. 손가락 개수를 세어보고 알맞은 숫자를 오히려 풀로 붙혀볼 수 있도록 지도합니다.

| 3 | 4 | 5 | 6 |
| 7 | 8 | 9 | 10 |

다음 사탕의 같은 색의 사탕을 찾아서 숫자를 적어보세요.

다음 야채의 숫자를 알아보고 야채에 적힌 숫자를 적어보세요.

🫑	🍄	🧅	🫑	🥔	🍆	🍅	🥕	🌶️
↓	↓	↓	↓	↓	↓	↓	↓	↓
5	1	4	2	7	3	8	6	9

다음 주어진 숫자의 순서에 맞게 선을 그려보세요.

다음 주어진 숫자의 순서에 맞게 선을 그려보세요.

1	2	3	4	5	6

1 ⇢ 3 ⇢ 4 ⇢ 2 ⇢ 5

2 ⇢ 5 ⇢ 1 ⇢ 3 ⇢ 6

3 ⇢ 5 ⇢ 1 ⇢ 2 ⇢ 4

3 ⇢ 2 ⇢ 4 ⇢ 6 ⇢ 1

민달팽이 사회적 협동조합은?

"달라도 괜찮아 ~느려도 괜찮아~ 우리 함께"라는 가치를 통해

느린학습자인 장애아동들의 학습을 지원하는 장애아동 전문 교육기관입니다.

장애아동 학습지원서비스와 도서출판 민달팽이는 장애아동 개개인의 잠재능력을

최대한 신장시켜 희망찬 내일을 함께 도우며 동반성장에 앞장서고 있습니다.

지역 장애인들에게 지역사회통합과 사회구성원으로서의 자립을 돕고 있는

민달팽이 장애인 주간보호센터와 장애인 평생직업 재활센터를 통해 장애인의

자립을 도우며 장애인 예술단 활동을 펼쳐 함께 사는 세상을 만들고 있습니다.

느린학습자를 위한 교재 시리즈

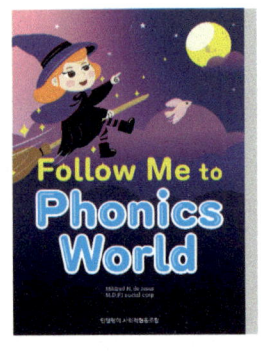

Follow Me to Phonics World

스스로 학습하고 따라 하기가 어려운 느린 학습 아동들의 학교 공부를 따라갈 수 있도록 이해하기 쉬운 설명과 재미있는 문구로 제작된 영어 교재

스피킹 UP

단어와 문법이 어려워 영어학습에 자신이 없는 특수교육 아동들에게 기존에 없는 쉬운 영어학습법을 통해 영어의 자신감을 키워줄 영어 자신감 향상 지도 교재

자신감시리즈 1, 2, 3, 4

단계별 학습을 통해 자신감을 회복하여 학습에 흥미를 가지고 학습에 즐거움을 느낄 수 있도록 제작된 자신감 향상 시리즈

징검다리 시리즈 1, 2, 3, 4

말하기, 생각하기, 기억하기, 뛰어가기 활동을 통해 한 단계 한 단계 차근차근 학습을 진행할 수 있도록 돕는 단계별 학습지도 교재

느린학습자를 위한 교재 시리즈

초등수학 자릿수를 알아요

자릿수 학습을 통해 숫자를 효과적으로 읽고 이해할 수 있도록 수를 이해하고 해석할 수 있도록 도와줌으로써 계산을 쉽게하고 숫자간의 관계를 명확히 판단하도록 돕는 교재

기초탄탄 셈공부 계산박사 1

기초학습능력을 길러 학습이해력을 높이고 자신감을 향상시켜 일상생활에 필요한 기초지식을 함양하도록 돕는 교재

기초탄탄 셈공부 계산박사 2

기초학습능력을 길러 학습이해력을 높이고 자신감을 향상시켜 일상생활에 필요한 기초지식을 함양하도록 돕는 교재

인지활동 워크북 1, 2, 3, 4

노인 및 장애아동들의 학습 및 인지능력 향상을 통해 안정된 심리상태를 유지하고 향상하는 능력을 함양하도록 돕는 교재

인지 향상을 위한
두뇌개발 시리즈 2 수리력

글	민달팽이 교재연구회
발행인	문상희
기획/편집	김정희
사진/엮음	김영은
디자인	오은정
펴낸곳	민달팽이 사회적협동조합
주소	인천시 남동구 만수서로37번길 55 하영빌딩
전화	032-473-1133 / 032-472-0123
팩스	032-472-0021
등록	제353-2019-000019호

ISBN 979-11-93352-24-3
ISBN 979-11-93352-26-7 (세트)

*이 출판물은 저작권법에 의해 보호를 받는 저작물이므로
  무단 전재와 무단 복재를 할 수 없습니다.

*저자와의 협약 아래 인자는 생략되었습니다.